Zhongguo Wenhua
Zhishi Duben

中国文化知识读本

主编 金开诚

编著 谢冰

端午节与赛龙舟

吉林出版集团有限责任公司

吉林文史出版社

图书在版编目（CIP）数据

端午节与赛龙舟 / 谢冰编著. —— 长春：吉林出版
集团有限责任公司：吉林文史出版社，2009.12 （2023.4重印）
（中国文化知识读本）
ISBN 978-7-5463-1703-8

Ⅰ．①端… Ⅱ．①谢… Ⅲ．①节日－风俗习惯－简介
－中国②龙舟竞赛－简介－中国 Ⅳ．①K892.1
②G852.9

中国版本图书馆CIP数据核字(2009)第236870号

端午节与赛龙舟

DUANWUJIE YU SAILONGZHOU

主编／ 金开诚 编著／谢冰
项目负责／崔博华 责任编辑／曹恒 崔博华
责任校对／袁一鸣 装帧设计／曹恒
出版发行/吉林出版集团有限责任公司 吉林文史出版社
地址/长春市福祉大路5788号 邮编/130000
印刷/天津市天玺印务有限公司
版次/2009年12月第1版 印次/2023年4月第6次印刷
开本/660mm×915mm 1/16
印张/8 字数/30千
书号/ISBN 978-7-5463-1703-8
定价/34.80元

前　言

　　文化是一种社会现象，是人类物质文明和精神文明有机融合的产物；同时又是一种历史现象，是社会的历史沉积。当今世界，随着经济全球化进程的加快，人们也越来越重视本民族的文化。我们只有加强对本民族文化的继承和创新，才能更好地弘扬民族精神，增强民族凝聚力。历史经验告诉我们，任何一个民族要想屹立于世界民族之林，必须具有自尊、自信、自强的民族意识。文化是维系一个民族生存和发展的强大动力。一个民族的存在依赖文化，文化的解体就是一个民族的消亡。

　　随着我国综合国力的日益强大，广大民众对重塑民族自尊心和自豪感的愿望日益迫切。作为民族大家庭中的一员，将源远流长、博大精深的中国文化继承并传播给广大群众，特别是青年一代，是我们出版人义不容辞的责任。

　　本套丛书是由吉林文史出版社和吉林出版集团有限责任公司组织国内知名专家学者编写的一套旨在传播中华五千年优秀传统文化，提高全民文化修养的大型知识读本。该书在深入挖掘和整理中华优秀传统文化成果的同时，结合社会发展，注入了时代精神。书中优美生动的文字、简明通俗的语言、图文并茂的形式，把中国文化中的物态文化、制度文化、行为文化、精神文化等知识要点全面展示给读者。点点滴滴的文化知识仿佛颗颗繁星，组成了灿烂辉煌的中国文化的天穹。

　　希望本书能为弘扬中华五千年优秀传统文化、增强各民族团结、构建社会主义和谐社会尽一份绵薄之力，也坚信我们的中华民族一定能够早日实现伟大复兴！

目录

一、端午节的别称·······························001

二、关于端午节的民间传说·····················007

三、端午节的食俗·····························025

四、端午节的习俗·····························045

五、端午节的重大活动——赛龙舟···············073

六、端午节的佩饰·····························093

七、有关端午节的诗词·························105

一、端午节的别称

农历的五月初五，我们俗称"端午节"。端是"最初""开端"的意思，所以我们也称初五为端五。在我国农历是以"地支"记载月份，分为十二地支，分别为子、丑、寅、卯、辰、巳、午、未、申、酉、戌、亥。正月即一月为寅，二月为卯，顺次下来五月就是午，所以五月就称为午月，端五也就是端午了。其实，根据统计，端午节的别称达到了二十多个，可以说是节日中的别称之最了。例如有端午节、端五节、端阳节、重五节、重午节、天中节、夏节、五月节、菖蒲节、龙舟节、浴兰节、解粽节、午日节、女儿节、地腊节、诗人节、龙日等等。其中，端午节、端五节、重五节、

赛龙舟是端午节不可缺少的民间活动

重午节是用地支来命名的，我们在上面已经介绍过。端阳节，根据史书上面的记载，五月为仲夏，仲夏登高，阳光正好照在头顶，是天气好的日子，所以称之为"端阳节"。天中节，古代的人认为，五月五日正好是太阳在人的头顶之时，所以称之为"天中节"。浴兰节，端午正是夏天要到来的时候，夏天也是皮肤病多发的季节，古代的人就用兰草的汤来沐浴，以达到去除污秽、清洁全身的效果，所以称为"浴兰节"。解粽节，古代的人在吃粽子的时候，会玩一个游戏，就是把各家包粽子的叶子解下来比较长短，粽子叶长的一方就获胜，所以称为"解粽节"。女儿节，端午节又有女儿节之称，因为在五月初五的时候，未出嫁的女孩儿都各自打扮，十分可爱；而出嫁了的女子都要回自己的娘家去，和自己的父母度过这个节日，这对于古代出嫁的女子来说，应该是一个十分开心的日子。菖蒲节，古代的人认为，端午节是一个很不吉利的日子，在这个时候，五毒尽出，会对家人的健康不利，所以家家都会驱邪避毒，在门上悬挂菖蒲（一种草的名称），所以也素有"菖蒲节"之称。

以上简单介绍了端午节的几个别称的由来，都是根据古代各地的习俗产生的叫法。

端午节每家每户要在门上悬挂菖蒲

赛龙舟是端午节的传统习俗

时至今日，端午节仍是一个十分盛行的隆重节日，我们每年都会庆祝端午节的到来。尤其是自 2008 年起，端午节已经成为了我们国家的法定假日，该民俗也经国务院批准列入第一批国家级非物质文化遗产。关于端午节，在各地都有不一样的习俗和传说，也产生了节日庆祝的地区差异。深入了解端午节以及我们国家的每一个传统的节日，是我们每一位炎黄子孙的责任。

二、关于端午节的民间传说

屈原故里一景

　　关于端午节的来历，有很多传说，每一个传说都代表了不同的意义，也表达出了古代人民疾恶如仇、质朴善良的本质。其中有三个传说广为传颂。

　　（一）纪念中国伟大的浪漫主义诗人——屈原

　　屈原，战国时期楚国人，是中国伟大的浪漫主义诗人之一，也是我国现今可考的最早的著名诗人和政治家。他创立了"楚辞"（即辞赋）这种文体。代表作品有《离骚》《九歌》《九章》《天问》等。中学课本收录了《离骚》，它是我国最早的抒情诗。在诗中，作者大量采用夸张的浪漫主义表现手法，运用了很多比喻，如他以香草比喻诗人品质的高洁；以男女关系比喻君臣关系；以驾车马比喻治理国家等，无情地揭露了统治集团的丑恶，抨击了他们的奸邪、纵欲、贪婪、淫荡和强暴。同时，他也塑造了坚持正义、追求真理、不避艰难、不怕迫害、热爱乡土和人民的人物形象。据说当年屈原在写作《离骚》的时候，情到深处时不免大声吟诵，忽然窗外传来一阵阵的哭声，屈原很惊讶，走出去看是何人在痛哭。痛哭的人们答道，他们是野鬼，听到屈原这样忧国忧民，不免也感怀身世，并且替屈原感到难过。于是便有了"一曲离骚山鬼哭"的说法，可见屈原当时是多么地忧

屈原故里风光

关于端午节的民间传说

伤和无奈。

　　屈原本是楚国贵族中杰出的人才，精通历史、文学与神话，洞悉各个国家的形势和治理国家的政策，他有勇于改革的精神，但是正是这些优点，招来了楚国贵族大臣们的反对和嫉妒。这些贵族只是想维护自己的特权，却把国家的长远利益置之脑后。他们不断向楚怀王说屈原的坏话，不明是非的楚怀王听信了谗言，于是渐渐疏远了屈原。战国本是齐、楚、燕、韩、赵、魏、秦七雄争霸的混乱时期，秦国任用商鞅变法后国家实力日益强大，常对六国发动进攻，当时只有楚国和齐国能与之抗衡。鉴于当时形势，屈原

屈原雕像

主张改良内政、联齐抗秦，因而侵害了上层统治阶级的利益，遭到了受秦国贿赂的楚怀王的宠姬郑袖、上官大夫、令尹子兰的排挤和陷害，于是被赶出了楚国都城，流放到了湘水一带。在长期的流放生活中，屈原没有屈服。他坚持自己的政治主张，决不随波逐流，还写下了许多不朽的诗篇，屈原在长期的流放过程中，精神和生活上所受的摧残和痛苦是可想而知的。一天他正在江边吟诵诗歌，遇到一个打渔的老人，老人见他面色憔悴、形容枯槁，就劝他要想开些，随和一点儿，和权贵们同流合污。

三峡浮雕

屈原说道："如果要我与他们同流合污的话，还不如让我葬身鱼腹，怎么能让一身的洁白，去蒙上不干净的灰尘呢？"通过这些话，我们可以看出，屈原宁肯去死，也不肯与那些贵族成为一丘之貉。公元前278年，秦军攻破楚国的都城。屈原看到自己的祖国被侵略，精神上受到了巨大的打击，眼看国破家亡，却无法施展自己的力量去拯救国家，他心如刀割，但是始终不忍舍弃自己的祖国。他内心极端地失望与痛苦，于五月五日，在写下了绝笔作《怀沙》之后，他来到了汨罗江边，抱石投江而死，以自己的生命谱写了一曲壮丽的爱国主义乐章。

传说屈原投江之后，楚国百姓万分悲痛，纷纷自发去汨罗江边悼念屈原。他们划着船只，去江里打捞屈原的尸体。有位渔夫把饭团、鸡蛋等食物丢到江里，说是让江里的鱼虾吃饱了，它们就不会去咬屈原大夫的尸体了。人们见到后也纷纷往水里扔食物。后来人们想出用楝树叶包饭，外缠彩丝，发展成了粽子。一位老医师把一坛雄黄酒倒到江里，说蛟龙水兽害怕雄黄酒，这样就不能伤害屈原大夫了。一些年轻人把船都扎成龙的样子，并且在船上呐喊击鼓，以此来吓跑水里的怪兽。这些都发展成习俗，在五月初五这天用来纪念爱国诗人屈原。

爱国诗人屈原像

（二）纪念"涛神"——伍子胥

在我国江浙一带，认为端午节最早其实是为了纪念春秋时期吴国大夫伍子胥。由于伍子胥尸沉于钱塘江之事比屈原投江要早，故有说纪念伍子胥为端午节的由来。

伍子胥，春秋时期楚国人。他的家族在楚国非常有名，先祖伍举是有功劳的楚国名臣，他的父亲伍奢是楚国太子的老师，

屈原庙

可谓是名门望族。但是天有不测风云，公元前522年，伍子胥父兄被楚平王杀害。伍子胥逃离楚国，投奔吴国。相传他在逃亡过程中饥饿难忍，在溪边遇到一位洗衣服的姑娘，就上前乞讨。姑娘很善良，给他饭吃，他希望姑娘不要泄露他的行踪，那位姑娘为了让伍子胥放心就决然地跳入江中，伍子胥伤感不已。后来，伍子胥在吴国当上了大官之后，想到要报恩，又不知道姑娘家的地址，就把千金都投到了当年姑娘跳水的地方。这就是"千金小姐"的由来。伍子胥顺利地逃亡到吴国后，认识了吴国的公子光，他帮助公子光得到了王位，这位公子就是吴王阖闾。伍子胥忠心耿耿辅佐吴王，得到了信任后，成为宰相。他帮助吴国攻打楚国，为了报仇，挖出了楚平王的尸体，鞭打了三百多下才罢手。伍子胥具有雄才大略，又深得吴王阖闾信任。在那一段时期，吴国国力达到了鼎盛，国家出现了繁荣安康的局面。吴王阖闾去世后，伍子胥辅佐夫差即位，帮助吴国打败越国。他主张一定要彻底灭掉越国，但是夫差盲目自大，认为被打败了的越国没有危险性，加上听信小人的谗言，就允许越国保存下来。

乐平里牌坊

伍子胥的再三劝说惹怒了夫差，于是下令伍子胥自杀。伍子胥在临死前对朋友说："你们一定要在我的坟上种树，等树木长大后做棺材，你们要把我的眼睛挖出来，挂在城门上面，让我看着吴国灭亡。"吴王夫差听到了大怒，就命令人把伍子胥的尸体装到皮革里面，投入大江。伍子胥死后的第三年，吴国被越国所灭，夫差自杀，从此人们更加怀念伍子胥。我们或许无法知道，对伍子胥来说，吴国究竟是什么？是帮他复仇的工具，还是个实现抱负的舞台？我们只能从青史中看到，伍子胥为了吴国倾尽了自己的心力。可即便如此，他也逃不出为人

伍子胥故乡楚城一景

伍子胥像

臣者的悲剧命运。五月初五，这一日他永
远告别了对他至关重要的吴国，沉入了滚
滚的波涛……千百年来，江浙一带相传伍
子胥死后忠魂不灭化为了涛神，端午节变
成了纪念伍子胥之日。每年农历五月初五，
浙江上虞人民要划着龙舟迎涛而上，迎接
"伍君"，而所谓"伍君"便是伍子胥。

（三）纪念东汉孝女——曹娥

提到曹娥，就不得不提到曹操和杨修。

当年曹操和杨修骑马而行，路经曹娥碑，他们看见碑上刻了"黄绢幼妇外孙齑臼"八个字，曹操就问杨修是否理解这八个字的含义。杨修稍思片刻，刚要说话，曹操就说："你先别讲出来，让我好好想想。"他们继续走路，过了能有三十里的路程之后，曹操就说："我已经知道那八个字的意思了，你先说说你的理解，看看我们是否想的一样。"杨修就答道："黄绢，有颜色的丝，合在一起就是一个'绝'；幼妇是少女的意思，合在一起为'妙'；外孙是女儿的儿子，是一个'好'字；齑臼是受的意思，为辞。合起来是'绝妙好辞'，是对曹娥的碑文的赞美啊！"曹操听后大声赞叹说："你的

曹娥墓

端午节与赛龙舟

思维比我的快了三十里路啊！"当然，在名
著《三国演义》中，杨修的才华也恰恰招来
了曹操的厌恶，最后曹操找了个借口杀掉了
他。上面用那么深奥有趣的语言委婉的表达
了对曹娥碑文的赞美，可见曹娥也是巾帼英
雄。那么曹娥到底是谁呢？端午节又和她有
什么关系呢？

　　曹娥是上虞皂湖乡曹家堡人，他的父亲
叫曹盱，是一位精通巫术的巫师。在一次祭
祀过程中，曹盱驾着船在舜江迎接涛神伍君，

屈原像

不小心掉进了江中溺水而亡了，很多天都没有找到他的尸体。那时的小曹娥年仅 14 岁，她沿着舜江一路哭喊着找寻她的父亲，但是他的父亲再也没有回来。就这样过了十七天，在五月初五这天，曹娥也跳入了江中，三天后她抱出了父亲的尸体。后人为了纪念曹娥的这一感人事迹，就把舜江改名为曹娥江，后来上虞这个地方的县令就给曹娥立了一块石碑，写明了她的事迹，以此来表彰她的孝心。后来东汉著名的文学家、书法家蔡邕来观看此碑，但他到的时候已经是晚上了，于是他用手抚摸石碑读完了碑文，就在碑的后面题写了八个字，这就是曹操和杨修所猜的那八个字。这是一个谜面，谜底就是"绝妙好辞"。孝女曹娥的墓碑在今天的浙江绍兴，后来人们为了纪念曹娥的孝节，于是在曹娥投江之处兴建了曹娥庙，把她所居住的村镇改名为曹娥镇。所以端午节是为了纪念投江寻找父亲的孝女曹娥。

　　以上是关于端午节的来历的民间传说。其实无论是纪念屈原、曹娥还是伍子胥，都

端午节赛龙舟是为纪念爱国诗人屈原举办的一项活动

端午节家家都会吃香喷喷
的粽子

赞扬了中国劳动人民几千年流传下来的纯朴美好
的品质，以及在艰难困苦的环境中表现出来的永
不屈服的精神。这些都是今天的我们要从中学习
和体会的。端午节从这里来看，不仅仅是一个节
日，通过它，我们可以感受到很多内在的东西，
中华民族的优良传统也就此沿袭了下来。

三、端午节的食俗

端午节的时候，家家都会吃香喷喷的粽子。有的是自己家包的，有的是从市场买回来的，粽子里面的馅儿也都是五花八门，越来越独特、新颖。但是，在几千年以前，刚刚出现端午节的时候，我们的祖先吃的却不是粽子。

　　最早出现端午节要吃东西的习俗，应该追溯到西汉时期。《史记·武帝本纪》注引如淳言："汉使东郡送枭，五月五日为枭羹以赐百官。以恶鸟，故食之。"大意就是汉朝的使节在端午时节进贡一种叫作枭的大鸟，皇帝在五月五日的时候，命人把这种大鸟做成粥，赏赐给百官品尝。因为枭这种鸟是不

端午节家家都会吃香喷喷的粽子

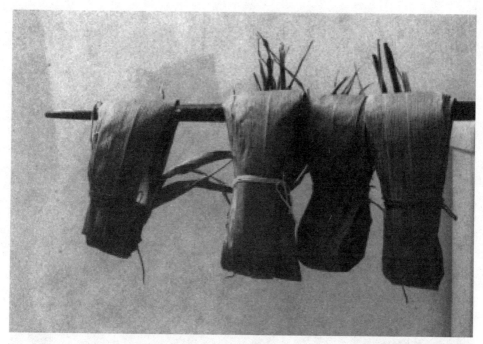

用苇叶包的粽子煮熟后会散发出淡淡清香

吉利的恶鸟，所以要吃掉它以保佑国泰民安。那么为什么我们现在吃的却不是这种叫作枭的鸟呢？首先，可能枭这种鸟在繁衍的过程中生态遭到了破坏，所以灭绝了；其次，可能是枭这种鸟不太好捉，很早以前人们就认识到了这一点，也就不再费力去捉它了，所以吃枭羹的这一习惯就没有保存下来。

　　既然大鸟我们是吃不到了，我们就改吃既省事又美味的粽子吧。端午节食物的主角粽子，在东汉出现，但是直到晋朝，端午节吃粽子才成为家喻户晓的习俗。《风土记》一书曾提到："五月五日，与夏至同……先

四角形粽子

此二节一日，又以菰叶裹黏米，杂以粟，以淳浓灰汁煮之令熟。"用菰叶包卷着掺杂了粟的黏米，放到淳浓灰汁里面煮熟，《风土记》一书称它为"角黍"，这个被称为"角黍"的食物，由于和屈原的传说附会在了一起，成为人们喜爱的食物，这就是现在我们吃的粽子。

从《风土记》中记载的做法来看，当时的粽子是以黍为主要原料的，黍在古代专指一种果实叫黍子的一年生的草本植物，这种植物的果实煮熟后有粘性，可以酿酒、做糕等。除了黍子以外，不添加其余馅料。几千年后的今天，

粽子一般用米和馅料制成

在讲究饮食的中国人巧手经营之下，我们所看到的粽子，无论是造型还是里面的内容，都有着五花八门的变化。

先就造型材料而言，各地的粽子有三角形、四角锥形、枕头形、小宝塔形、圆棒形等。粽叶的材料则因地理位置的差异而不同。南方因为盛产竹子，就地取材以竹叶来捆绑粽子。一般人都喜欢采用新鲜竹叶，因为干竹叶绑出来的粽子，熟了以后没有新鲜竹叶清香的味道。北方人则习惯用芦苇的叶子来绑粽子。苇叶的叶片是细长的，所以要两三

枕头型粽子

片重叠起来使用，煮熟了以后也会散发出苇叶的淡淡清香。

就口味而言，粽子馅有荤有素，有甜有咸。北方的粽子以甜味为主，吃的时候可以根据口味适量放一些白砂糖；南方的粽子则甜少咸多。料的内容，则是最能突显地方特色的部分。但在如今，由于交通的便利，以及各地文化习俗的交汇融合，使南北的差异不是那么明显了，在全国各地，几乎都能吃到南北口味儿的粽子。

下面简单介绍一下几个地方的特色粽子。

北京的粽子大约可分为三种：一种是纯用糯米制成的白粽子，蒸熟以后蘸着糖吃；另一种是小枣粽，馅心以小枣、果脯为主；第三种是豆沙粽，比较少见。华北地区另有一种以黄黍代替糯米的粽子，馅料用的是红枣。蒸熟之后，只见黄澄澄的粘黍中镶嵌着红艳艳的枣，有人美其名为"黄金裹玛瑙"，听这个名字就叫人垂涎三尺。

闽南的粽子分碱粽、肉粽和豆粽。碱粽是在糯米中加入碱液蒸熟制成的。具有粘、软、滑的特色。放在冰箱里面加以冷藏之后再加上蜂蜜或糖浆尤为可口。肉粽的材料有卤肉、香菇、蛋黄、虾米、笋干等，以厦门的肉粽最为出名。豆粽则盛行于泉州一带，用九月的豆混合少许盐，配上糯米裹成。蒸熟，豆香扑鼻，也有人蘸上白糖来吃。

　　浙江的湖州粽子，米质香软，分为咸、甜两种口味。咸的以新鲜猪肉，浸泡上等酱油，每只粽子用肥、瘦肉各一片作为馅。甜粽以枣泥或豆沙作为馅，上面加一块猪油，蒸熟，猪油融入豆沙，吃起来十分香滑可口。其中嘉兴"五芳斋"出品的粽子尤其著名，馅料都经过专人选择，有八宝粽、鸡肉粽、豆沙粽、鲜肉粽等，都各具特色。

粽子馅料一般为红枣、桂圆或鸡蛋

四川的鲜肉粽也别具特色。先将糯米、红豆浸泡半日，加入花椒面、川盐及少量的腊肉丁，包成四角形的小粽子。用大火煮三个小时，煮熟后放在铁丝网上，用木炭烤成黄色。吃起来外焦里嫩，颇具风味。

广东的中山芦兜粽，是圆棒子形状的，像手臂一样粗。也分甜、咸两种口味。甜的有莲蓉、豆沙、栗蓉、枣泥；咸的有咸肉、烧鸡、蛋黄、甘贝、冬菇、绿豆、叉烧等。

我国少数民族的粽子也各有各的特色。

瑶族做粽子用糯米配腊肉条、绿豆，包"枕头粽"，从外形上看好像一个枕头，每个重量约 250 克。也有在糯米中加红糖、花生

我国许多少数民族过端午节吃粽子

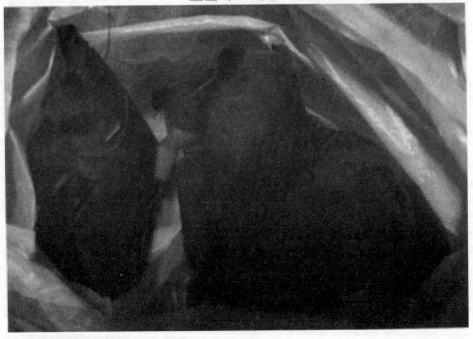

晒晾粽子叶

等制成素馅的凉粽子。

畲族的粽子，民间也称为牯角。用箬叶将糯米包成四个角，再用龙草捆扎，十个一串，有的人家还要在包粽子时加菜、肉、红枣等作为馅。煮粽常用灰碱水，粽子煮好后，色黄气香，存放半月也不会坏掉。

傣族过端午也吃粽子，还要过"粽子节"。据说"粽子节"是为了纪念一对因婚姻遭父母反对而殉情的青年男女。在这一天，凡是未婚的傣家小伙子都要拿粽子，与姑娘们相会在大龙潭的芒果树下，未婚的青年男女都身着盛装围成圈，姑娘唱起情歌，小伙子们

粽子叶

吹叶子伴奏。然后，小伙子把粽包掷给自己所看中的姑娘，若姑娘也有意，就拾起粽包，双双到附近僻静处谈情说爱，至日落西山时才离去。

毛南族也过端午节，但节日的意义与汉族不同，毛南族人称为"药节"。过药节时，习惯采艾叶、菖蒲、黄姜等草药熬水饮汁，或用这些草药作为馅包粽子食用。他们认为端午吃这种馅儿的粽子可以解毒去病。

其实，端午节吃粽子并不只是我们中国人的饮食习惯，在世界很多的地方，也都有不同的吃粽子的习俗。

日本的端午节又称儿童节，是男孩子的节日。这一天有男孩子的家庭，竖起鲤鱼旗，吃粽子和柏叶饼来祝贺。竖鲤鱼旗是希望孩子像鲤鱼那样健康成长，有中国"望子成龙"的意思。另外，为了避邪，把菖蒲插在屋檐下，或将菖蒲放入洗澡水中。说到避邪，还有着这么一个传说：从前，有个叫平舒王的君主，诛杀了一个不忠之臣，这个奸臣死后化为一条毒蛇，不断害人。有个有智谋的大臣，头戴红色的蛇头，身上洒满菖蒲酒与之激战，最终制服了毒蛇。从此，在端午节时，插菖蒲、熏艾叶、喝菖蒲酒，就流传开来，成为传统的风俗。端午的习俗是在日本的平安时代以

包好的粽子放入锅内蒸熟便可食用

端午节的食俗
035

雄黄酒

后由中国传入日本的。到现在，与中国的意义大不相同了。中国是在阴历五月初五这一天为纪念屈原而吃粽子和举行赛龙舟活动的；在日本，主要是为了避邪而吃粽子和柏叶饼，所吃的粽子不是用糯米做的，而用粉碎的米粉做的，粽子的形状也与中国的不同，普遍将粽子包成锤子形状。虽说中日两国的端午节意义已不相同了，但中国有插艾蒿避邪风俗，日本有插菖蒲避邪之说；中国有鲤鱼跳龙门的故事，日本有挂鲤鱼旗的风俗。可见中日两国的文化还是源远流长的。

缅甸人也喜爱吃粽子，但和端午节没有

什么联系。只是一种人人喜爱的小吃。他们用糯米为原料，用成熟的香蕉和椰蓉作为馅，这样做成的粽子酥软、甜滋滋的，吃时香味扑鼻，令人回味无穷。

越南人的粽子是用芭蕉的叶子包裹的，有圆形和方形两种。他们认为，圆形粽子代表天空，方形粽子代表大地，天地合一，大吉大利。端午节吃粽子可以求得风调雨顺，五谷丰登。粽子按口味分为咸粽、碱粽和肥肉粽。咸粽是用糯米加虾米、瘦猪肉、红豆，再加半只咸蛋包成的；碱粽是用糯米粉加椰丝、虾米、绿豆包成菱形，蘸糖吃；肥肉粽用糯米、肋条肉、虾米、绿豆和五香调料包成，煮熟切片而食。

新加坡人都很爱花，每当有客人来访时，主人都会送上几束花，还会端来用花汁浸染做成的粽子请客人来品尝。这种花汁粽子是用绿叶包成多角形状，只有鸡蛋那么大，展开绿叶后里面是由花汁染成淡绿色的米粉精制而成的，色泽诱人，不但吃起来清新可口，还是一件别致的工艺品。

马来西亚人所做的粽子与广东一带的粽子有点相似，除了较常见的鲜肉粽子和火腿粽子等品种外，还有豆沙和椰蓉等几种粽子，香甜可口，美味醇香。

印度尼西亚人对粽子馅要求特别讲究，有

糯米和馅料用粽叶包住，蒸熟便可食用

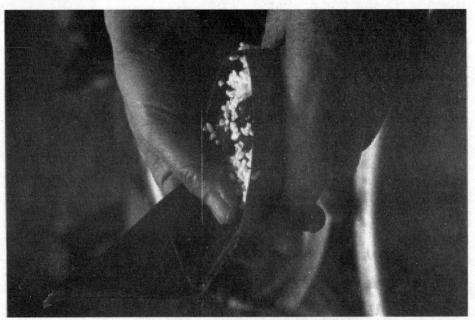

猪肉馅、牛肉馅、鸡肉馅、腊肉馅、火腿馅，还有广味香肠馅、虾肉馅、鱼肉馅。印度尼西亚的粽子是用粳米做的，比糯米更容易消化，加上竹叶诱人的香气，很能引起人们的食欲。

菲律宾人做出的粽子是长条形的，风味与中国浙江一带的粽子相同。粽子是菲律宾人过圣诞节必不可少的食物。

泰国人在每年四月泼水节或七至九月雨季的时候吃粽子。泰国粽子以甜味为主，包粽子前，先将糯米泡在椰汁里面，使之具有椰味清香。粽子馅用椰子、黑豆、芋头、地瓜等做成，外形小巧精致，泰国粽子有

肉馅粽子

豆馅粽子

蒸和烤两种吃法。泰国人包裹的粽子个头很小，就像鸡蛋那么大，因为是用绿色的粽子叶包裹，所以蒸熟后呈淡淡的绿色，味道十分清香。

哥斯达黎加的粽子是用经过特别工艺加工的、带有粘性的玉米粉为主要原料，配以鸡肉、牛肉、胡萝卜、土豆、橄榄、辣椒等。有的还要浇上牛肉汁，然后用新鲜的香蕉包

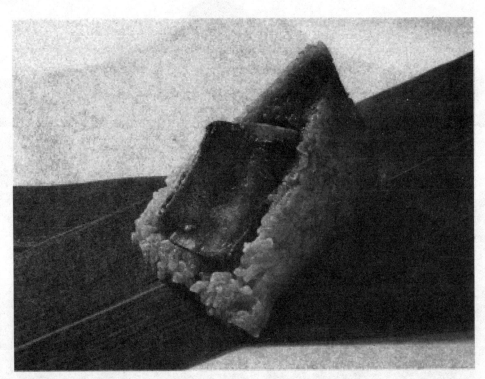

排骨馅粽子

成扁方形。吃起来十分润滑可口，香而不腻。

秘鲁人是在圣诞节时吃粽子，全家人围坐在一起，边欢庆圣诞节边吃粽子，甚至已出嫁的女子也赶回娘家，再品尝娘家粽子的风味。

委内瑞拉人也是在圣诞节的时候吃粽子。每逢圣诞节来临，委内瑞拉家家户户都要包裹粽子，这已成了当地的习俗。届时，连平日卖点心的店铺也堆满了粽子。这种粽子以玉米面为主料，以火腿、腊肉或香肠为馅料，还加进橄榄、葡萄干，用新鲜蕉叶包成长方形，每个重约半公斤。焙干蕉叶，粽子即熟，剥开粽子，清香四溢。

墨西哥也有吃粽子的习俗，他们把粽子称为"达玛尔"。主料是粗颗粒的玉米面，用肉片和辣椒作为馅，用玉米叶子或香蕉叶子包成，别有风味。有"粽子节"以欢庆玉米丰收，在节日中，家家户户用芭蕉叶包玉米和牛肉、鸡肉、胡萝卜、土豆、辣椒等，煮熟后食用。

拉丁美洲人的粽子有其特别来历。四百多年前，西班牙殖民主义者统治了拉丁美洲的大部分地区，印第安人被迫远离家乡去服苦役。妇女们为了让丈夫和儿子

糖心馅粽子

各地区粽子五花八门、风味不一

能够在路上吃到可口的饭菜，就把蒸熟的玉米粉和土豆、胡萝卜一起用香蕉叶包裹起来，作为路上的干粮。

尽管各地吃粽子的意义不一样，粽子的内容和做法也不尽相同，但是，有一点是相同的，就是表达出了人民的美好愿望。各个地方的人们都发挥出了自己的聪明才智，根据不同的地理环境，不同的民族特色，不同的地域文化，创造出了各具特色、五花八门、风味不一的粽子，也说明了各个地区、各个国家之间的文化交流应该永无止境地发扬下去。

四、端午节的习俗

（一）贴桃符、悬挂镜子或钟馗像

很早以前，在端午的时候，民间流行家家户户门上贴桃木做成的印章。桃木是民俗中驱鬼之物，桃树成为驱鬼的"符"，最早见于《山海经》。相传在远古时代，东海有一座古老的山叫度朔山，山上风景秀丽，有一片桃林，其中有一株桃树巨大无比，枝繁叶茂，树枝长有三千里，结的桃子又大又甜，人吃了这树上的桃子能变成神仙。一个漆黑的夜晚，有个青面獠牙、红发绿眼的鬼怪想偷吃仙桃。桃林主人神荼、郁垒两兄弟用桃枝打败鬼怪，并将其用草绳捆着喂了看山的老虎。从此，两兄弟的大名令鬼怪为之惧怕，他们死后变为专门惩治恶鬼的神仙。后人用一寸宽、七八寸长的桃木板画上神荼、郁垒两神仙像挂在自家门两侧，以驱鬼祛邪，这种桃木板被称作"桃符"。

到了唐代的时候，在五月五日中午在扬州扬子江心铸造铜镜，用来进贡皇帝，这面镜子又称为"天子镜"，也有避邪之意。所以后来人们也在端午节的时候往门上悬挂一面镜子用来遮挡邪气。

在江淮地区，端午节家家都悬挂钟馗像，用以镇宅驱邪。这个习俗也是由唐代传下来

钟馗像

在江淮地区，端午节家家都悬挂钟馗像

的。唐开元年间，唐明皇自骊山讲武回宫，疟疾病发作。梦见有两只鬼，一大一小，小鬼穿大红无裆裤，偷杨贵妃的香囊和明皇的玉笛，绕殿而跑；大鬼则穿蓝袍戴帽，捉住小鬼，挖掉小鬼的眼睛，一口吞了下去。大鬼奏曰："臣姓钟名馗，每次考武举人都没考上，愿意为陛下铲除妖魔。"明皇醒后，疟疾病全好了，于是令当时的画家吴道子，照梦中所见画成钟馗捉鬼的画像，命令全天下在端午节的时候，一律张贴这种画，来驱邪魔恶鬼。

（二）挂艾叶、菖蒲

《荆楚岁时记》载："采艾以为人，悬门户上，以禳毒气。"这是由于艾叶是重要的药用植物，可捣碎了制成草药来治病，又可以驱赶蚊虫。在端午节，家家都以菖蒲、艾叶、榴花、蒜头、龙船花，制成人的形状，称为艾人。用菖蒲做剑，插于门楣，有驱魔祛鬼之神效。菖蒲为天中五瑞之首，象征除去不祥的宝剑，叶片呈剑型，插在门口可以避邪。所以人们称它为"水剑"，后来也有人管它叫作"蒲剑"，可以斩千邪。清代顾铁卿在《清嘉录》中有一段记载："截蒲为剑，割蓬作鞭，副以桃梗蒜头，悬于床户，皆以却鬼。"大意就是用菖蒲祛除邪鬼的方法。而晋代《风土志》中则有："以艾为虎形，或剪彩为小虎，帖以艾叶，内人争相裁之。"可见除采艾叶扎作人外，也将艾叶扎作虎形，称为艾虎。妇女和孩子们都要佩戴，用来避邪驱瘴。

艾草代表招来百福，是一种可以治病的药草，插在门口，可使身体健康。在我国古代，艾草就一直是药用植物，针灸里面的灸法，就是用艾草作为主要成分的，将其放在穴道上进行灼烧来治病。有关艾草可以驱邪的传说之所以流传很久，主要就是因为它具备医药的功能。

还有很多地方的习俗是挂石榴花、胡

钟馗剪纸画

有些地方在过端午节时要
挂石榴花

蒜或山丹。胡蒜能够除邪治虫毒；山丹有解
毒消肿，活血祛瘀之功效。石榴花正是这个
季节的花卉，而石榴皮又是治病的良药。至
于为什么要悬挂石榴花，这里面还有一个小
故事。相传在唐末黄巢之乱的时候，有一次
黄巢经过一个村落，正好看到一位妇女背上
背着一个年纪较大的孩子，手上牵着一个年
纪较小的，黄巢非常好奇，就询问原因。那
位妇人不认识黄巢，所以就直接说是因为黄
巢来了，杀了叔叔全家，只剩下这个唯一的
命脉，所以万一无法兼顾的时候，只好牺牲

古时，人们认为饮雄黄酒可以驱妖除魔

自己的骨肉，保全叔叔的骨肉。黄巢听了大受感动，并且告诉妇人只要门上悬挂石榴花，就可以避战乱之祸。

（三）饮雄黄酒

传说屈原投江之后，一位老医生拿来一坛雄黄酒倒入江中，说是可以药晕蛟龙，保护屈原。一会儿，水面果真浮起一条蛟龙。于是，人们把这条蛟龙扯上岸，抽其筋，剥其皮，之后又把龙筋缠在孩子们的手腕和脖子上，再用雄黄酒抹小孩儿的耳、鼻、额头、手、足等处，以为这样便可以使孩子们免受虫蛇伤害。在《白蛇传》中，也提到过白娘子喝了雄黄酒之后现原形的故事。身为白蛇的白娘子美丽善良，与许仙真心相爱。但是金山寺的法师法海却认为白娘子是妖精，会祸害民间。他悄悄地告诉许仙，白娘子是白蛇化身而成，还教许仙怎样识别白蛇。许仙将信将疑。转眼端午节到了，老百姓都喝雄黄酒避邪，许仙按照法海教的办法，逼迫白娘子喝雄黄酒。白娘子这时候已经怀孕，她无法推却许仙的恭敬，喝了酒后，马上现出蛇的原形，许仙立刻被吓死了。白娘子为了救活许仙，不顾自己怀孕，千里迢迢来到昆仑圣山偷盗起死回生的灵芝草。白娘子与守护灵芝草的护卫拼命恶战，护卫被白娘子感动了，

吃粽子饮雄黄酒

将灵芝赠给她。许仙被救活以后，知道白娘子真心爱自己，于是夫妻更加恩爱。且不说这个美丽动人的神话故事，单单就白娘子显现原形这一事件，就可以说明人们认为雄黄酒完全能够驱妖除魔。这就是端午节饮雄黄酒的来历。至今，我国不少地方都有喝雄黄酒的习惯，尤其在长江流域地区更为盛行。

（四）赛龙舟

赛龙舟是端午节的重要活动。当时楚国人因为舍不得贤臣屈原大夫死去，于是有许多人划船追赶营救。他们争先恐后，追到洞庭湖的时候不见其踪迹，这就是赛龙舟的起源。后来每年的五月五日大家都用划龙舟的

赛龙舟是端午节的一项重要活动

远古时，人们在端午节出去采药，渐渐演变成了斗草的习俗

方式纪念屈原，借划龙舟驱散江中的鱼，以免鱼吃掉屈原的尸体。这个赛龙舟的习惯，盛行于吴、越、楚等地。

（五）端午斗草

汉代以前没有斗草的游戏，现在已经无法考证起源的问题了。在南北朝时期称为"踏百草"，唐代称"斗草"或"斗百草"。现在的人们普遍认为这与中医药学的产生有关。远古先民艰苦求存，生活十分单调，在闲暇的时候就以斗草、斗虫、斗兽等作为游戏自娱自乐。后来人们到了端午节的时候就集体

出门去采药，采药之后，会举行比赛，以对仗
的形式互相报草药的名字，报的多的就是胜利
的一方。在游戏的过程之中，包含了很多中医
药学、文学方面的知识，十分奇妙有趣。儿童
把树叶植物的叶柄互相钩住，捏住两端用力拽
曳，叶梗断了的一方就输了，就再换一枚叶子
比试。白居易的诗《观儿戏》中所说："弄尘
复斗草，尽日乐嬉嬉"就是指这个游戏。这种
以人的拉力和草的受拉力的强弱来决定输赢的
斗草，被称为"武斗"。斗草除有"武斗"外，
还有"文斗"。所谓"文斗"，就是对花草名。
女孩们采来百草，以对仗的形式互报草名，谁
采的草种多，对仗的水平高，坚持到最后，谁
便赢。因此玩这种游戏没有一些植物知识和文

热闹非凡的龙舟比赛

学修养是不行的。在我国古典四大名著之
一的《红楼梦》中，就提到过斗草的游戏。
在第六十二回中："宝玉生日那天，众姐
妹们忙忙碌碌饮酒作诗。各屋的丫头也随
主子取乐，薛蟠的小妾香菱和几个丫头各
采了些花草，斗草取乐。这个说：'我有
观音柳。'那个说：'我有罗汉松。'突然
豆官说：'我有姐妹花。'这下把大家难住
了，香菱说：'我有夫妻穗。'豆官见香菱
答上了不服气地说：'从来没有什么夫妻
穗！'香菱争辩道：'一枝一个花叫兰，
一枝几个花叫穗。上下结花为兄弟穗，并
头结花叫夫妻穗，我这个是并头结花，怎
么不叫夫妻穗呢？'豆官一时被问住，便
笑着说：'依你说，一大一小叫老子儿子
穗，若两朵花背着开可叫仇人穗了。薛蟠
刚外出半年，你心里想他，把花儿草儿拉
扯成夫妻穗了，真不害臊！'说得香菱满
面通红，笑着跑过来拧豆官的嘴，于是两
个人扭滚在地上。众丫鬟嬉戏打闹，非常
开心。这时，宝玉也采了些草来凑热闹。"
这一段就写的是贾府的丫鬟们斗草取乐的
情景。古人的诗词里也多有对"斗草"的
描写，多和女性有关。据说这还成了妇女

龙舟手划桨时要节奏一致

游戏的"专利品"。如宋代词人晏殊所做《破阵子》："燕子来时新社，梨花落后清明。池上碧苔三四点，叶底黄鹂一两声，日长飞絮轻。巧笑东邻女伴，采桑径里逢迎。疑怪昨宵春梦好，原是今朝斗草赢，笑从双脸生。"讲的就是女孩儿斗草胜利后喜悦的姿态。

（六）采药、沐浴、制茶等卫生习俗

由于夏季天气燥热，人容易生病，瘟疫也很容易流行；加上蛇虫繁殖，会咬伤人，所以要十分小心，这才形成在端午那天采药、沐浴等习惯。这些是看似迷信，但又是有益于身体健康的卫生活动。

龙舟手比赛时的矫健身姿

奋勇争先的龙舟比赛

　　采药是端午最古老的习俗之一。《岁时广记》卷二十二云："五月五日，竞采杂药，可治百病。"后来有不少地区有端午捉蛤蟆的习俗，也是作为制药所用。如江苏人于端午日捉蛤蟆，刺取其沫，制作中药蟾酥；杭州人还给小孩子吃蛤蟆，说是可以消火清凉、夏天不生脓疮。还有在五月五日给蛤蟆口中塞墨锭，再悬挂起来晾干，即成蛤蟆锭，涂于脓疮上可使之消散。这种捉蛤蟆制药的习俗，源于汉代"蟾蜍辟兵"之传说。《淮南子》云："蟾蜍万岁者，头上有角，颔有丹书八字，五月五日午时取之阴干，百日，以其足划地，即

端午节祭祀活动

为流水。能辟五兵，若敌人射己者，弓矢皆反还自向也。"故事中成了精的蟾蜍，似乎还可以变化成人形自由移动。湖北地方在端午"采百草"，也是采药草之习俗。采药是因端午前后草药茎叶成熟，药性好，才于此日形成此俗。

端午日洗浴兰汤是古俗。当时的兰不是现在的兰花，而是属于菊科的佩兰，有香气，可煎水沐浴。后来由于兰汤是很难得到的东西，所以后代的人就改用艾草来沐浴。在广东，则用艾、蒲、凤仙等花草；在湖南、广西等地，则用柏叶、大风根、艾、蒲、桃叶等煮成药水洗浴。不论男女老幼，全家都洗，此俗至今尚存，

艾蒿

龙舟比赛中巾帼不让须眉

端午节的习俗

据说可治皮肤病、祛邪气。

在北方一些地区，人们喜欢在端午的时候采摘嫩树叶、野菜叶蒸晾，制成茶叶。广东潮州一带，人们去郊外山野采草药，熬凉茶喝，这对健康也有好处。

（七）各地不同的端午节习俗

北京一带忌讳端午节打井水，往往在节前就事先打好水，据说是为了躲避井里的毒素。市井小贩也在端午节的时候兜售樱桃和桑葚，据说在端午节吃了樱桃和桑葚以后，可以全年不误食苍蝇。各个卖饼的小店都会出售"五毒饼"，这种五毒饼是用五种毒虫花纹作为装饰刻上去的。已经许聘的男女双方的父母会在端午节互相馈赠礼品。地方官府会到城南举行聚会，邀请城中有学问的士大夫宴饮赋诗，称为"踏柳"。诗中有云："春风拂面柳如眉，踏柳寻春风中乐。"描写的就是端午时节赏春吟诗的乐趣。

山东一带的端午，每人早起都需要饮酒一杯，传说可以避邪。日照市端午时候给儿童缠七色线，一直要戴到端午节以后第一次下雨的时候，才能解下来扔在雨水

据说在端午节吃了樱桃和桑葚以后，可以全年不误食苍蝇

里，积水的地方扔满了五颜六色的线，十分好看。临清县过端午节，7岁以下的男孩要带符，这种符一般就是麦秸做成的项链；女孩子带石榴花，还要穿上母亲亲手做的黄布鞋，鞋面上用毛笔画上五种毒虫，意思是借着屈原的墨迹来杀死五种毒虫，保佑一年里远离疾病困扰，身体健康。有些地方在端午节早晨要用露水洗脸。

端午节吃粽子是中国的传统习俗

山西省解州地区的端午，男女都要戴上艾叶，称为"去疾"，也就是消灭疾病的意思。幼童则在脖子上缠绕百索，据说这是为了替屈原缚蛟龙。隰州的端午，各村要祭祀龙王，并在田间挂纸。怀仁县的端午又称为"朱门"。定襄县的端午，学生需要送节日礼物给老师，答谢老师的辛苦培养教育。潞安府在端午的时候用小麦面粉蒸团，称为"白团"，与粽子一起拿来互相馈赠。

陕西兴安州的端午，地方官率领百姓们观赏竞渡，称之"踏石"。兴平县的端午以绫帛缝制小角黍（即现今的粽子），下面再缝上一个小人偶，称为"耍娃娃"。同官县端午把蒲艾、纸牛贴到门上，称为"镇病"，就是不让疾病横行的意思。

甘肃省静宁州端午节摘玫瑰花，用蜜来腌渍，把它做成糖块儿。镇原县的端午赠送新婚的夫妇香扇、罗绮、巾帕、艾虎。有念书的孩子的家庭，父母兄长会宴请孩子的老师，称为"享节"。漳县的端午，放牧的人会祭祀山神，堆积大量的柴草，在鸡叫前黎明焚烧，俗称"烧高山"。

　　江苏省嘉定县的端午，不论贫富，必须家家要买石首鱼（俗称鳇鱼或中华鲟）煮食，现在这种鱼是国家一级保护动物，不能再吃了。仪征县的端午也有"当裤子，买黄鱼"的俗谚，即使穷得连裤子都要送去当铺当掉，也要吃鱼，习俗可要遵守。南京的端午，各

锣鼓喧天，龙舟似箭

船手齐心协力奔向目的地

家都会用清水一盒，加入少许雄黄，鹅眼钱两枚。鹅眼钱是景和元年(465年)民间私铸的一种五铢钱，此钱无轮廓，钱形大小如鹅眼，入水不沉，极其轻小。早上全家大小均用这样的水洗眼，称为"破火眼"，据说可保一年没有眼疾。武进端午有夜龙舟的游戏，晚上在龙舟四面悬上小灯竞渡，且有箫鼓歌声竞相唱和，十分热闹。高邮的端午较为特殊，有系百索子、贴五毒、贴符、放黄烟子、吃"十二红"等习俗。什么是"十二红"呢？端午"十二红"，一是取本品"红色"，二是取"红烧"之色。还有四碗八碟的说法。

红烧鸡块

所谓的"四碗",大多数是为酒后吃饭烧煮准
备的菜肴：有红烧黄鱼、红烧趴蹄、红烧牛肉、
红烧鸡块。所说的"八碟",又有"四冷""四热"
的分别。四冷为：一咸蛋、二香肠、三洋花萝卜、
四熏鱼。四热为：一炒苋菜、二炒猪肝、三炒
河虾,四脆炒鳝丝。除了这些以外,考究的人家,
最后还有一个吊炉烤鸭汤上桌,这样的话就不
仅有"十二红"了。孩子都流行挂"鸭蛋络子",
就是挑好看的鸭蛋装在彩线结成的络子中,挂
在胸前。

四川的石柱有"出端午佬"的习俗。就是
由四人用两根竹竿抬起一张铺有红毯的大方

川西有端午节"打李子"的习俗

桌。毯子上面用竹篾编一个骑虎的道士。敲
锣打鼓，在街上游行。很早的时候，川西
还有端午"打李子"的习俗。在端午当天，
成都人都买李子，于城东南角城楼下，上下
对掷，聚观者数万。光绪二十一年（1895 年）
因投掷李子的事情，与外国传教士发生冲
突，此习俗因此而被禁止了。乐山、新津等
地端午赛龙舟时，还举行盛大商品交易会。
来自各地的商贩都会集结起来收受买卖产
品。

　　和甘肃省差不多，在浙江省桐卢县乡
塾里面上学的儿童，端午节都会准备一份

屈原祠一景

礼物送给他们的老师，称为"衣丝"。世代行医的就在中午的时候采药，相传这一天天医星会在天空中降临，保佑医生能逢凶化吉，医治好各种疾病。

江西建昌府端午的时候集结百草，熬成水来洗浴，以防止疥疮等疾病的发生。新昌县以雄黄、丹砂放在酒中喝下，称之为"开眼"。古人认为世间万事万物，只有开眼，才能够洞悉来龙去脉；人生百态百味，只有开眼，才可悟透是非曲直。所以，人们在端午饮下传说能够开眼的酒，希望能够存理智、辨是非。

湖北的黄冈市端午节在巴河镇迎接傩人，头

戴花冠，身上画满花纹，敲响金钟，驱逐瘟疫。
宜昌县端午节赛龙舟，但是在五月十三、十四、
十五三日的活动场面特别壮观。五月十五又称
"大端阳"，到时候家家都吃粽子、饮雄黄酒，
就和端午一样了。

　　湖南攸县的端午，对于怀有身孕的人，家
里富裕的用花来装点酒食，贫者准备鸡酒，用
竹子夹楮钱，进贡在龙舟的头上祈求孕妇能够
平安顺利地生产。岳州府的龙舟竞赛是为了平
息灾害、免除疾病。还做一些草船放到江面上，
以这种形式来躲避疾病的流行，称为"送瘟"。

　　福州端午的习俗是，媳妇在这一天要把寿
衣、鞋袜、团粽、扇子进献给公公婆婆。建阳

湖北黄网百姓在五月十五
也要吃粽子，喝黄酒

屈原祠

龙船一般狭长细窄

端午节与赛龙舟

端午节最盛大的活动就是赛龙舟

县五月初五那一天为药王晒药囊日，各家各户都在这一天做大酱。上杭县端午用小船把芦苇捆在船上面，做成龙的形状在水边嬉戏，也称为赛龙舟。仙游县端午比试完龙舟之后，在虎啸潭旁边用冥钱祭拜，用来悼念嘉靖癸年戚继光于此溺兵。戚继光是明代著名抗倭将领、军事家、武术家。明嘉靖二十八年，他于闽、浙、粤沿海诸地抗击来犯倭寇，历经十余年，大小八十余战，终于扫平倭寇之患。戚继光招募农民和矿徒，组成新军，纪律严明，赏罚必信，并配以精良的战船和兵械，精心训练；他还针对南方多湖泽的地形和倭寇作战的特点，审情度势，创造了攻防兼宜的"鸳鸯阵"战术，以十一人为一队，配以盾、矛、枪、狼筅、刀等长短兵器，因敌因地变换队形，灵活作战，世人誉为"戚家军"。后世因为他的忠勇报国而在端午节来纪念他。邵武府端午节前，妇女以绛纱缝制小香包盛装符。又以五色绒做方胜，用彩线相连接，系在头上的钗上。年幼的女童则把这种小香囊放在背上，这样的小女孩被称为"窦娘"。

广东从化县，端午节正午用烧符水洗手眼之后，将水泼洒于道，称为"送灾难"。新兴县端午，人家各从其邻近的庙宇吹鼓迎接神像出巡。同时巫师用法水、贴符驱逐邪气鬼魅。石城县端午，

端午节香包

儿童放风筝，称为"放殃"，意思是放掉灾难。

　　海南每逢端午节的时候，各处都会举办龙舟竞渡等活动。在如今保存最为完好的古县治城垣定安，有着五百年历史的明成化古城门洞内，仍有两个石阶叠架着两条鲜艳、修长、昂扬的龙舟。海岛的祖先，端午的时候，会扛起龙舟，奔向大河，流着汗去比赛划龙舟。素有"椰乡"之称的文昌，是宋庆龄的祖居地，临海傍河。自古以来，当地的居民每逢端午，都会举办赛龙舟的活动，祈求幸福，保佑平安。海南除了赛龙舟、吃粽子、挂菖蒲和艾草以外，还有一

每逢端午，海南的孩子就会到海边洗"龙水"

个海岛百姓都熟知的内容，就是洗龙水和洗草药澡。端午，各家四处弥漫艾草香味。在家门口悬挂艾草，晚上，烧了一大锅的艾草水，就着艾草洗洗身子，说是这样可以驱魔避邪，强身健体。每逢端午，家里人都会带孩子到海边去洗龙水。百姓们认为，屈原先生早已当了龙神，洗洗"龙水"，龙神会保佑孩童健康成长。海岛内的百姓都相信，海浴——用海水擦眼，可以去眼疾；用海水洗身，可以祛除皮肤疾病。澄迈县为纪念这一特色民俗，每逢端午，都会在盈滨半岛举办"龙水节"。海岛各地的老老少少，都纷纷来此一起"洗龙水"。万人一起游泳，这是端午节的海面奇观。端午，也是清明之后，海南人一家团聚的日子。据说，只要能够回家，岛上的人们都会在这一天回祖宅。祭祖、向父母请安、与兄弟姐妹戏耍。女人们则早在半个月前就张罗着包粽子，到正日子，家家户户送粽传平安，热闹非凡。海岛上就在粽子飘香、龙舟竞渡、龙水嬉戏中，进入了漫漫长夏。

五、端午节的重大活动——赛龙舟

端午节最热闹的活动之一就是赛龙舟

　　端午节这一天，最热闹、也最能吸引众人围观的活动要数赛龙舟了。龙舟这个词语，最早出现在先秦一本叫作《穆天子传》的古书之中，书中第五卷说道："天子乘鸟舟、龙舟浮于大沼。"是说穆天子乘坐鸟和龙一样的大船在沼泽中行驶。在《九歌·湘君》中也有"石濑兮浅浅，飞龙兮翩翩"的说法，经由现今的专家考证，文章中所说的"飞龙"就是龙舟。《荆楚岁时记》也记载："五月五日，谓之浴兰节。……是日，竞渡，竞采杂药。"此后，历代诗赋、笔记、志书等记载的赛龙舟就数不胜数了。

　　龙舟，与普通的船只不太相同，有大有小，有长有短，划龙舟的人数也都不尽相同。如广州黄埔、郊区一带的龙船，长大约33米，路上有100人，在舟上的桡手约有80多人。南宁龙舟长是20多米，每船大约能容纳五六十人。湖南汨罗市的龙舟则大约长16到22米，每次坐24至48人划船。福建福州的龙舟长18米多，划船手是32人。龙船一般是很狭长、细窄的，船头装饰有龙头，船尾安有龙尾。龙头的颜色有红、黑、灰等色，都是与龙灯的头相似，千姿百态，绝不雷同。一般以木头雕制而成，

每条龙舟都争先恐
后地冲向终点

再加以手工的彩绘（也有用纸扎、纱扎的）。
龙尾多用整块儿的木头雕刻，上面刻有龙的
鳞甲。除龙头、龙尾以外，龙舟上还有锣鼓、
旗帜或船体绘画等装饰。如广东顺德龙舟上
饰以龙牌、龙头龙尾旗、帅旗，上绣对联、
花草等，还有绣满龙凤、八仙等图案的罗伞。
一般的龙舟则没有这么多的装饰，多饰以各
色的三角旗、挂彩等。古代的龙舟也很华丽，
如画龙舟竞渡的《龙池竞渡图卷》（元人王振
鹏绘），图中龙舟的龙头高昂，十分硕大有神
韵，雕刻做工精美，龙尾高高地向上翘，龙
身还有数层亭台楼阁。如果是写实的，就可

身手矫健的龙舟赛手

以看出当时的龙船有多么精丽了，简直能和泰坦尼克号媲美。又如《点石斋画报·追踪屈子》上面绘有芜湖的龙船，也是龙头高昂，上有层楼。有的地区龙舟还存有古代的风气，显得很是古典美丽。

龙船竞渡比赛之前，先要请龙、祭神。如广东的龙舟，在端午之前要从水中运送到岸上来，祭祀过在南海神庙中的南海海神之后，安装上龙头、龙尾，再准备竞渡。到时候还要买一对纸做成的小公鸡放在龙船上，认为可保佑龙船的平安（这样的习俗就和古代所说的鸟舟十分相似了）。福建、台湾等地的人们会前往妈祖庙去祭拜。有的直接在河边祭龙头，会杀鸡将血滴在龙头的上面，如四川、贵州等个别地区。

由于当年屈原大夫投入汩罗江自尽身亡，而端午节又是为了纪念屈原，所以湖南的汩罗市，竞渡前必须要先前往屈子祠祭祀，将龙头供在祠中的神翁像之前去祭拜，将红布披在龙头的上面，再把龙头安装到船头进行竞渡，既拜了龙神，又纪念了屈原。而在湖北的屈原家乡秭归，也有祭拜屈原的仪式。祭屈原之俗，在《隋书·地

屈子祠

端午节的重大活动——赛龙舟

精美的龙舟是中国文化的一部分

理志》中就有所记载："其迅楫齐驰,棹歌乱响,喧振水陆,观者如云。"是说当时划龙舟的浆十分整齐地快速划动,在水中激起很大的声响,使得两岸都为之震动,观看者是人山人海,络绎不绝。看来当时的场面是十分热闹的。唐代的诗人刘禹锡在他的《竞渡曲》中为赛龙舟的场面做了如下注解："竞渡始于武陵,及今举楫而相和之,其音咸呼云:'何在',斯招屈之意。"可见两湖地区,祭屈原与赛龙舟是紧密相关的。可能屈原及曹娥、伍子胥等逝去后,当地人民也曾用魂舟送他们的灵魂归葬,所以

夺冠后兴奋的龙舟手

端午节的重大活动——赛龙舟

有此方面的习俗。

在浙江地区，是用龙舟竞渡来纪念烈女曹娥的。《后汉书·列女传》中记载，曹娥是投江死去的，民间则传说她下江寻找父亲的尸体。浙江很多地方都会祭祀她，《点石斋画报·虔祀曹娥》就是描绘会稽地区人民祭祀曹娥的景象。

《清嘉录》中记载吴地（江苏一带）赛龙舟，是起源于纪念伍子胥，苏州因此有端午祭伍子胥的习惯，并在水上举行赛龙舟以表示对其的纪念。另外还有广西的纪念马援、福州的纪念阎王王审知等仪式。

各种祭祀、纪念的仪式，无非是点香烛，

龙舟比赛过程中还有花船
表演

热情洋溢的赛船手

烧纸钱，供以鸡、米、肉、供果、粽子等。如今这些含有迷信色彩的仪式已很少见，但在过去，人们祭祀龙神庙时气氛很严肃，多祈求农业丰收、风调雨顺、去邪鬼污秽、平息灾祸事端、能够事事如意，也保佑划船平安。用人们的话说"图个吉利"，从而表达人们内心良好的愿望。

在正式赛龙舟开始的时候，气氛十分热烈。唐代诗人张建封在《竞渡歌》中道："……两岸罗衣扑鼻香，银钗照日如霜刃。鼓声三下红旗开，两龙跃出浮水来。棹影斡波飞万

花船表演

剑，鼓声劈浪鸣千雷。鼓声渐急标将近，两龙望标且如瞬。坡上人呼霹雷惊，竿头彩挂虹霓晕。前船抢水已得标，后船失势空挥桡。……"

这些诗句淋漓尽致地写出了龙舟竞渡的壮景。妇女们平时是不出门的，如今也争着来看龙船，银钗耀日；鼓声、红旗指挥下的龙舟飞驰而来，船桨就像飞剑一样，鼓声击打就像雷鸣；终点插着锦绮彩竿，作为标志。龙舟向着标杆飞快地驰近……近代的龙舟比赛也大抵相同，不过规程稍比以前严格一些。近年来，国

龙舟手划动节奏一致，龙舟
快速前进

端午节的重大活动——赛龙舟

水花飞溅，激情四射

内外都出现了国际龙舟比赛，吸引了各国健儿。例如 2008 年湛江国际龙舟比赛，就吸引了来自加拿大、美国、澳大利亚、德国、荷兰、意大利、英国等国家和我国香港、澳门等地的选手，举办得非常成功。端午节的赛龙舟也成了我国与世界文化交流的一个纽带。

划龙舟还有其他一些活动。比如龙舟游乡，是在龙舟比赛的时候划着龙舟到附近熟悉的村庄游玩、集会。有时候龙舟还有各种花样的划法，具有表演的含义。如广州的龙舟，挽着手把桨叶插入水中，再往上挑，使水花飞溅；船头船尾的人则有节奏地在船上踏脚，使龙舟起伏如游龙戏水一般。浙江余杭县龙舟，有的是让人把龙尾踩低，使龙头高翘，船头的急浪便从龙嘴中喷吐出来，如龙吞云吐雨一般，场面十分壮观；也有的是游船式的赛龙舟。如《淮南子·本经训》中说："龙舟益鸟首，浮吹以娱。"是指划着龙船、摇船在水上奏乐、游玩。在《梦梁录》中记载南宋杭州"龙舟六只，戏于湖中"。湖上有龙舟，只是画舫游船的一部分。今天我们在看历史题材剧时还能看到这样类似龙舟的江面游船。

唐、宋、元、明、清各代的帝王，都有观看龙舟的爱好，也属于游戏之类。《旧唐书》

齐心协力，全力以赴

端午节的重大活动——赛龙舟

中记载唐皇穆宗、敬宗，都有过"观竞渡"的事情。《东京梦华录》卷七中记载北宋皇帝在临水殿看金明池内龙舟竞渡的场面。其中有彩船、乐船、小船、画船、小龙船、虎头船等供观赏，还有长大约有四十丈的大龙船。除了大龙船以外，其他船列队布阵，争标竞赛，作为娱乐。宋张择端《金明池夺标图》就描绘了当时的情景。又有明代的皇帝，观赏赛龙舟，看御射监勇士跑马射箭。清代则在圆明园的福海举行竞渡，乾隆皇帝、嘉庆皇帝等都曾前往观看。

又有夜龙舟的说法。在浙江武进，过去有夜龙舟，在四面挂起小灯照明，在晚上进行龙舟竞赛。四川五通桥从 1982 年起出现了夜龙舟，在舟上装电灯，配焰火，漂浮河灯，辉煌夺目。浙江少数地方还在水上设堆堆浮焰，让张灯结彩的龙舟从焰中穿过。在晚上的桨声灯影里面划龙舟，又别有一番情趣。

还有旱龙舟，是在陆地上进行的模拟龙船比赛的活动。如《南昌府志》载："五月五日为旱龙舟，令数下人异之，传葩代鼓，填溢通衢，士女施钱祈福，竞以爆竹辟除不祥。"击鼓传花，女生都会施舍钱财来祈

船桨溅起层层浪花

赛龙舟是端午节一项最吸引
人眼球的民间活动

祷能够平安幸福，还会放爆竹来赶跑邪气和不吉祥的东西。浙江武义县，过去也有旱地推端午船的习俗，也认为可以消除邪祟。另外广东的佛山、东莞、信宜都有旱地划龙舟的习俗，这实际上是一种舞蹈，但日期不一定在端午。佛山秋季时的旱地龙舟最为壮观。又如《徽州府志》载："五月五日，迎神船逐疫，船用竹为之，袭画状似鳅，以十二人为神，载而游绪市。"让十二个人来扮演神仙在街上进行巡游，这又是另一番热闹场面了。还

花舟表演活动

有的地方把小型旱龙船给小孩做玩具的。

在划龙船时，又多有唱歌助兴的龙船歌流传。如湖北秭归划龙船时，有完整的唱腔，词曲根据当地民歌与号子融汇而成，歌声雄浑壮美，扣人心弦，即有"举揖而相和之"的遗风。又如广东南雄县的龙船歌，是从四月龙船下水后唱到端午时结束，表现的内容十分广泛。流传于广西北部桂林、临桂等地的龙船歌，在竞渡时由众划船手合唱，有人领唱，表现内容也多与龙舟、端午节的习俗有关，歌声宏厚动人。《广西民间音乐选集》中收有临桂县龙船歌的组曲，如号子般节奏鲜明、热烈，唱起来声音十分动听。

另外，除了众所周知的赛龙舟活动，还衍生出了不少其他的游戏娱乐活动。其中之一就是射箭的游戏了。在端午时，在地面插上垂柳，把柳树的皮削去，然后骑马用弓箭来射，要是射断柳枝并且能够拿到手里就是第一名，能射断而没有拿到的就是第二名了。这应该从金朝就开始流行了，《金史》中对此有过记载。

六、端午节的佩饰

端午节，各个地方的人们都会佩戴和节日有关的装饰品。

健人，旧时江浙一带端午时妇女们佩戴的一种饰物。一般用金银丝或铜丝金箔做成，形状为小人骑虎，也有另外附加上钟、铃、缨及蒜、粽子等的。插在妇女发髻，也用来馈送其他的亲友。史书《清嘉录》上面说："（五月五日）市人以金银丝制作成为繁缨、钟、铃等很多种形态，虎上面骑的小人，做工极其精细，点缀上小钗，穿成一串。还有的人用铜丝金箔制作，以供妇女插鬓。又互相献赉，这个就叫作健人。"健人的说法其实与艾人具有相同的意思，只是用锦帛代替了艾草来制

端午平安香袋

内装艾草的端午香袋

作，吴曼云在《江乡节物词·小序》中写到："杭俗，健人即艾人，而易之以帛，作骆虎状，妇人皆戴之。"是说，杭州的习俗，健人和艾草做的人性质是一样的，妇女们都会佩戴这种饰品。因为这种饰品具有驱邪避疫的作用。还有一种说法，说它就是古时的叫步摇的东西，纯粹就是当时妇女们的装饰品（蔡云《吴献》注）。江南地区多称之为豆娘。《清嘉录》引《唐宋遗纪》中说道："江淮南北，五日钗头彩胜之制，备极奇巧。凡以缯销剪制艾叶，或攒绣仙、佛、合、乌、虫、鱼、百兽之形，八宝群花之类。绉纱蜘蛛，绮縠凤麟，茧虎绒陀，排草蜥蜴，

各式各样精美的香囊

又螳蜘蝉蝎，又葫芦瓜果，色色逼真。加以幡幢宝盖，绣球繁缨，钟铃百状，或贯以串，名曰豆娘，不可胜纪。"这里详细讲解了豆娘的制作方法。无论是设计还是做工上都十分巧妙。这些都是流传下来的民间艺术。

艾虎，旧时端午节用来驱邪避祟的事物，也是一种装饰品。我国古代认为老虎是一种神兽，大家都以为这种神兽可以镇祟避邪、保佑安宁。古书《风俗通》中说道："虎者阳物，百兽之长也。能执搏挫锐，噬食鬼魅，……亦辟恶。"认为老虎是百兽之王，能够吃掉鬼。所以民间很多地方都把虎做为避邪之用，其

中尤以端午节的艾虎最具特色。艾虎有的
是用艾草编织而成，有的是剪彩为虎，粘
以艾叶，佩戴于发际身畔。端午节饰戴艾
虎的风习已经有千年以上的历史了。宋陈
元规《岁时广记》引《岁时杂记》："端午
以艾为虎形，至有如黑豆大者，或剪彩为
小虎，粘艾叶以戴之。王沂公《端午帖子》
诗：'钗头艾虎辟群邪，晓驾祥云七宝车。'"
又清富察敦崇《燕京岁时记》："每至端
阳，闺阁中之巧者，用绫罗制成小虎及粽
子……以彩线穿之，悬于钗头，或系于小
儿之背。古诗中写到'玉燕钗头艾虎轻'，
就是这个意思了。"

　　画额，端午节有用雄黄涂抹小儿额头
的习俗，认为可以驱避毒虫。典型的方法
是用雄黄酒在小儿额头画"王"字，一借
此雄黄用来驱毒，二借猛虎(由于"王"
和猛虎额头上面的纹路很相似，老虎为兽
中之王，因此用"王"字来替代老虎)以
镇邪。清富察敦崇的《燕京岁时记》中记
载："每至端阳，自初一日起，取雄黄合
酒洒之，用涂小儿领及鼻耳间，以避毒物。"
除在额头、鼻耳涂抹外，也可以涂抹其他
的地方，用意都是一样的。山西《河曲县

传统刺绣香包

志》云："端午，饮雄黄酒，用涂小儿额及两手、足心，……谓可却病延年。"

长命缕，这是端午节人们常用的佩饰。也叫作续命缕、续命丝、延年缕、长寿线、百索、辟兵绍、五彩缕等，名称不一，但形制、功用大体相同。在端午节以五色丝结而成索，可悬挂在门首，或者挂在床帐、摇篮等地方，也可戴在小儿的项颈，或者系在小儿的手臂。人们认为这样可以避灾除病、保佑安康、益寿延年。此类佩饰的形制大体有五种：用五色丝线合股拧成绳子，系在臂膀上；在五彩绳上缀饰金锡做成的饰物，挂于项颈上；把五彩绳折成方胜形状，佩戴在胸前；把五彩绳捆结为人像的形

端午节大街小巷上售卖的长命缕

状戴在脖子上；以五彩丝线绣绘日月星辰乌兽等物，敬献尊长。此俗开始于汉代。东汉应劭所写的《风俗通·佚文》中："午日，以五彩丝系臂，避鬼及兵，令人不病瘟，一名长命缕，一名辟兵绍。"说的是在端午的时候，如果将五彩的丝线绑缚在手臂上面就能躲避邪鬼，不生疾病，长命百岁。这个方式流传至今。清富察敦崇《燕京岁时记》中记录当时的风俗："每至端阳，闺阁中之巧者，用绫罗制成小虎及粽子、壶卢、樱桃、桑葚之类，以彩线穿之，悬于钗头，或系于小儿之背。"是说端午的时候，聪慧灵巧的女子都会自己

金牛造型的香囊装饰物

缝制小虎、粽子、壶卢、樱桃、桑葚等物品。唐宋端午的时候，更有宫廷赏赐大臣这样的物品的事情。历史上记载唐代宗兴元元年端午节，宫廷曾赐给官员百索一轴。《宋史礼志十五》："前一日，以金缕延寿带、彩丝续命缕分赐百官，节日戴以入。"皇帝把五彩金缕赏赐给百官，在端午节的时候进宫的官员都要带这种丝线。

戴香包，香包又叫香袋、香囊、荷包等，有用五色丝线缠成的，也有用碎布缝成的，里面装有香料，香料一般都是中草药白芷、川芎、芩草、排草、山奈、甘松、高本行制成的，佩戴在胸前，香气扑鼻。陈示靓的《岁时广记》

造型别致的香包

端午节家家房前都要悬挂艾草

端午节的佩饰

引《岁时杂记》提到"端五以赤白彩造如囊，以彩线贯之，搐使如花形""端五日以蚌粉纳帛中，缀之以绵，若数珠。令小儿带之以吸汗也"。这些随身携带的袋囊，内容产生了许多的变化，从吸汗的蚌粉，驱邪的灵符、铜钱，避虫的雄黄粉，发展成装有香料的香囊，制作也日趋精致，成为端午节特有的民间工艺品。

戴香包特别有讲究。老年人为了防病健身，一般喜欢戴梅花、菊花、桃子、苹果、荷花、娃娃骑鱼、娃娃抱公鸡、双莲并蒂等形状的，象征着鸟语花香、万事如意、夫妻恩爱、家庭和睦。小孩喜欢的是飞禽走兽类的，如虎、豹、

不同年龄的人佩戴的香
囊款式各异

猴子上竿、斗鸡赶兔等。青年人戴香包最讲究，
如果是热恋中的情人，那多情的姑娘很早就要精
心制作一两枚别致的香包，赶在节前送给自己的
情郎。小伙子戴着心上人送的香包，自然要引起
周围男女的评论，都会夸小伙的对象心灵手巧。

七、有关端午节的诗词

端午节流传千百年来，内容变得越来越丰富，活动形式也更加丰富多彩。这也给不少诗人留下了十分深刻的印象。许多著名的诗人都写过关于端午节的诗篇。下面我们来欣赏几首代表作。

《五月五日》

梅尧臣

屈氏已沉死，楚人哀不容。

何尝奈谗谤，徒欲却蛟龙。

未泯生前恨，而追没后踪。

沅湘碧潭水，应自照千峰。

梅尧臣出生于农家，小的时候家里贫穷，但他十分喜爱读书，16岁时参加乡里的考试没有取得名次，由于家庭无力供他继续读书，他就跟随叔父到

梅尧臣像

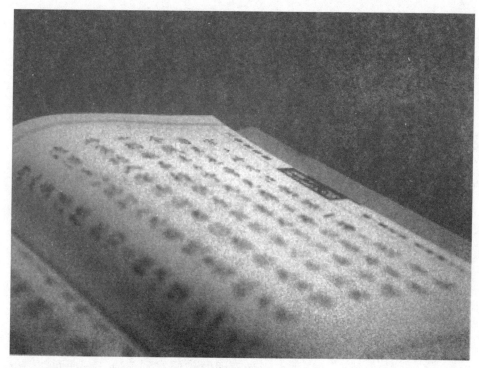

梅公在诗坛上颇负盛名

河南洛阳谋得主簿（相当于现今的文书）一职，后又在孟县、桐城县担任主簿的职务。在连任三县主簿之后就升为了知县，又参加考试，被授予进士，后来又升迁到尚书都官员外郎，所以后世人又称他为梅都官。梅尧臣入仕之后，曾经胸怀大志，有远大抱负，他原名"圣俞"，后改"尧臣"，立志要做个圣明君王的贤臣，然而他却没有遇到圣君。梅公虽然在仕途上极不得意，但在诗坛上却享有盛名。端午来临，他怀着无限的悲愤、苦闷、渴望和痛苦的心情，写出了《五月五日》，是借屈原来抒发他的"不遇圣主"的情怀。

《和端午》

张耒

竞渡深悲千载冤，忠魂一去讵能还。

国亡身殒今何有，只留离骚在世间。

　　这首诗的作者是北宋诗人张耒，这首诗凄清悲切、情意深沉。诗从端午竞渡写起，看似简单，实则意蕴深远，因为龙舟竞渡是为了拯救和悲悼屈原的千载冤魂。但"忠魂一去讵能还"又是何等悲哀与无奈！无怪乎北宋进士余靖作诗说："龙舟争快楚江滨，吊屈谁知特怆神。"但此句，却又分明有着"风萧萧兮易水寒，壮士一去兮不复还"的慷慨悲壮，它使得全诗的意境直转而上、宏阔高远。于是三四两句便水到渠成、一挥而就。虽

张耒书法作品

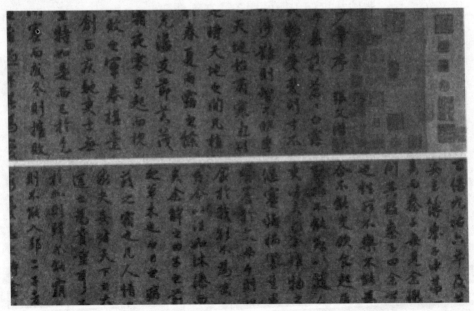

然"国亡身殒",灰飞烟灭,但那光照后人的爱国精神和彪炳千古的《离骚》绝唱却永远不会消亡。

《己酉端午》

贝琼

风雨端阳生晦冥,汨罗无处吊英灵。

海榴花发应相笑,无酒渊明亦独醒。

贝琼约生于元成宗大德初,卒于明太祖洪武十二年,年八十余岁。他跟随杨维桢学诗,取其长处而弃其短处,他特别欣赏盛唐时期的文章。作品比较清新淡雅,诗风温厚之中自然

汨罗江风光

高秀，足以领袖一时。这首诗写端午节遇风雨，不
知何处凭吊屈原，在石榴花开的季节，没有酒渊明
也能保持清醒。

《竞渡诗》

卢肇

石溪久住思端午，馆驿楼前看发机。

鼙鼓动时雷隐隐，兽头凌处雪微微。

冲波突出人齐诚，跃浪争先鸟退飞。

向道是龙刚不信，果然夺得锦标归。

卢肇，唐武宗李炎会昌三年状元及第，且是江
西第一个状元，有奇才。这首诗形象的描绘了赛龙
舟时候的热闹场面，龙舟上健儿划船时的矫健身姿，
还有龙舟在水中飞速前进的壮观景象，最后描写了

夺标的场景。读后仿佛身临其境，十分逼真。

《乙卯重五诗》

陆游

重五山村好，榴花忽已繁。

粽包分两髻，艾束著危冠。

旧俗方储药，羸躯亦点丹。

日斜吾事毕，一笑向杯盘。

陆游塑像

陆游是中国南宋伟大的爱国诗人，我们都读过他的一首家喻户晓的古诗——《示儿》。《乙卯重五诗》这首五律具体描写了南宋人民在端午节这天的生活习俗。作者吃了两角的粽子，高冠上插着艾枝。依旧俗，又忙着储药、配药方，为的是这一年能平安无病。到了晚上，他身心愉快地喝起酒来。从中可以反映出江南端午风俗，既有纪念屈原的意思，又有卫生保健的内容。

《浣溪沙》

苏轼

轻汗微微透碧纨。

明朝端午浴芳兰。

流香涨腻满晴川。

彩线轻缠红玉臂，

小符斜挂绿云鬟。

佳人相见一千年。

这是一首触景生慨、蕴含人生哲理的小词，体现了作者热爱生活、乐观旷达的人生态度。上片写暮春游清泉寺所见之幽雅景致；下片就眼前"溪水西流"之景生发感慨和议论。全词的特点是写景纯用白描，细致淡雅，抒情富有哲理。当时作者是以待罪之官的身份被安置在偏僻的黄州，孤寂苦楚的心情不是轻易可以摆脱的。因此，此词下片所表现出来的对青春活力的呼唤，对老而无为的观点的否弃，便显得尤为可贵。可以说，这种在"命压人头不奈何"的逆境中的乐观奋发的精神，是苏轼之所以受到后世尊崇的重要原因之一。

苏轼像

欧阳修塑像

《渔家傲》

欧阳修

五月榴花妖艳烘。绿杨带雨垂垂重。五色新丝缠角粽。金盘送。生绡画扇盘双凤。正是浴兰时节动。菖蒲酒美清尊共。叶里黄骊时一弄。犹松等闲惊破纱窗梦。

在石榴花开得正盛的季节，杨柳被细雨润湿，枝叶低低沉沉地垂着。人们用五彩的丝线包扎好了三角形或者多角形的粽子，盛进镀金的盘子里各处分送，表达着对亲朋好友长寿的祝福。这一天正是端午，人们在门口挂上菖蒲，并一起举杯饮下雄黄酒以驱邪避害。窗外树丛中黄鹂鸟不时地鸣唱几声，打破闺中的宁静，

有关端午节的诗词

汨罗江风光

那纱窗后，手轻握着双凤绢扇的姑娘，究竟是为谁被黄鹂鸟打断了美梦？诗人把端午时节的美好气息全部表达了出来。

《端午》

文秀

节分端午自谁言？万古传闻为屈原。

堪笑楚江空渺渺，不能洗得直臣冤。

这首诗的大意是这样的：端午节大概从什么时候开始的？又是为什么而设立的？只是民间传说，是为了纪念爱国诗人屈原。于是我站在楚江上追思，眼前一片烟波浩渺，空空荡荡，我轻蔑地笑了，为什么如此宽阔的大江，就不能包容一颗爱国的心，不能为敢于说真话的人洗刷冤屈呢？表现了作者对屈原的同情，反问的语气更能体现他的正直之心。

除了诗词，也有很多关于端午节谚语和歇后语。例如"端午节卖月历——过时了"，"癞蛤蟆躲端午——躲过初一，躲不过十五"等等。关于谚语，各地也都不同。北方的有"清明插柳，端午插艾"；西北的有"端午不戴艾，死去变妖怪"；山东讲"午时水饮一嘴，较好补药吃三年"；山西有"喝了雄黄酒，百病远远丢"；江浙一带流传"端午节，天气热，五毒醒，不安宁"；江苏的有"良辰当五日，偕老祝千年"。类似于这样的谚语各地还有好多种。

美丽的汨罗江

汨罗江风光

　　中华民族流传下来的节日以及形成的传统，经过几千年的传承发展，融汇了各族各地的文化，也正在以一个崭新的形象向我们走来。多少年来，端午，作为中华民族的重要传统节日之一，经历了由受到重视到被忽视和冷落，现在又重新受到重视的一个轮回。这个轮回，再次证明文化的传承有其内在的韧性，现在的文明依然需要古老传统的润泽。古代端午节习俗的核心主题是人与自然的和谐。首先是关爱生命，卫生保健；其次是强民爱国；第三有着增进友谊，促进人际关系的

壮阔的汨罗江

粽子

有关端午节的诗词

雄黄酒

功能。这样的传统节日，应保护其原汁原味的文化形态，让它完整地相传下去。"樱桃桑葚与菖蒲，更买雄黄酒一壶。"随着国家和人民越来越重视传统文化，端午节和春节、中秋节等传统节日一样，一定会永远流传下去。